FÜR CARO

BENJAMIN SWICZINSKY

SCHWANZER

ARCHITEKT AUS LEIDENSCHAFT

Drei Jahrzehnte Architektur- und Zeitgeschichte

MAX GRUBER
Text und dramaturgische Beratung

MARTIN SCHWANZER
Herausgeber

BIRKHÄUSER BASEL

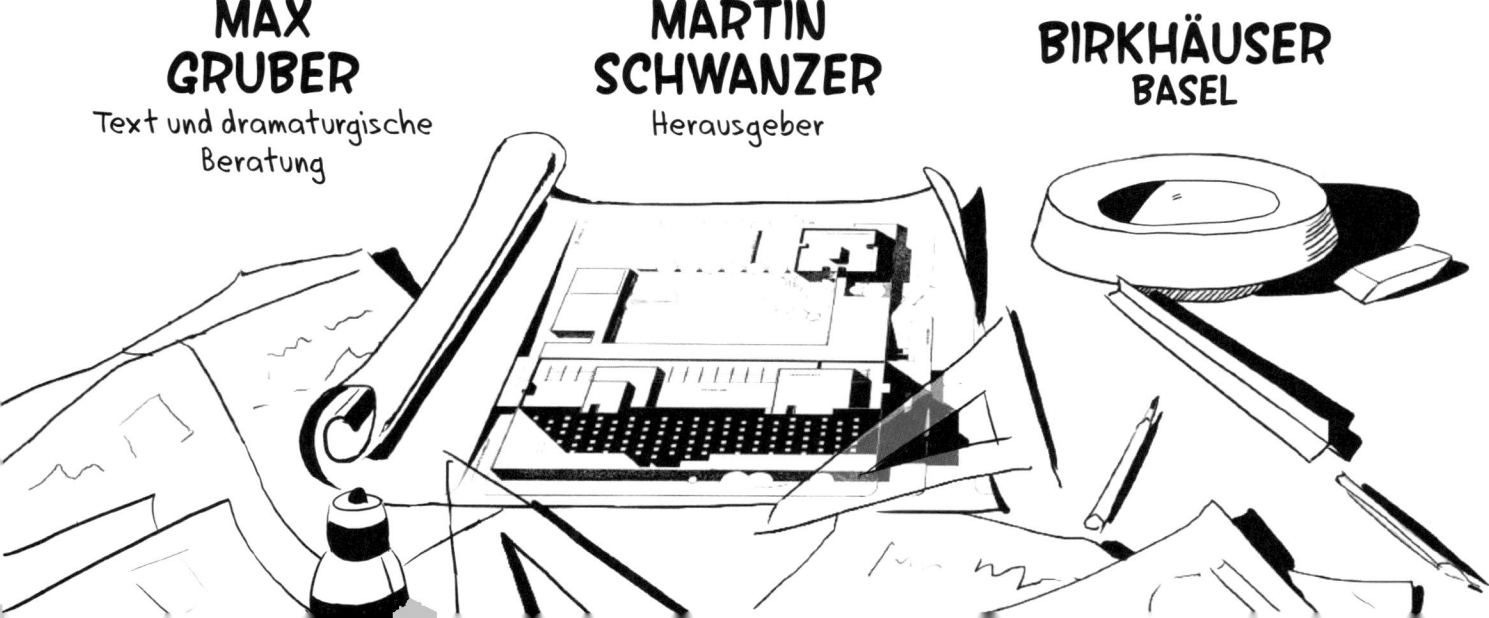

EINLEITUNG

Wien, Anfang der 1970er-Jahre. Die Stadt ist durch die Zeitläufe ein wenig an den Rand geraten. Der „Eiserne Vorhang" verläuft nur wenige Kilometer östlich. Wien ist „ein bisserl" grau und schwer, ein zu groß gewordener, abgetragener Anzug. Die Bevölkerungszahl sinkt. Der Untergang der Donaumonarchie liegt lange zurück, doch die imperiale Pracht der Habsburger ist noch überall gegenwärtig. In dem launigen Befund, dass man in Wien voll Zuversicht in die Vergangenheit blickt, steckt mehr als nur ein Körnchen Wahrheit.

Ganz anders in der Seilergasse 16, in Wiens Bezirk Innere Stadt: Hier befindet sich das Atelier des Architekten Karl Schwanzer. Sein Blick ist nach vorne gerichtet. Weit nach vorne. Über alle Grenzen und Konventionen hinweg. Das Architekturbüro ist eines der führenden dieser Zeit. Karl Schwanzer arbeitet gleichzeitig an der Realisierung mehrerer Projekte, darunter seine bislang größten, wie das WIFI St. Pölten und die Firmenzentrale von BMW in München, die seinen endgültigen internationalen Durchbruch bedeuten werden.

Doch trotz prall gefüllter Auftragsbücher sieht Karl Schwanzer die Zeit gekommen, sein Atelier neu zu orientieren. Das geeignete Instrument dafür scheint ihm ein Buch über sein Werk und seine Vorstellungswelt. Mit einer sehr persönlichen, höchst unkonventionellen Gestaltung und Projektauswahl soll es nicht nur Werkbericht und Akquisitionsbroschüre sein, sondern auch künftige Entwicklungsrichtungen aufzeigen.

Dieser Comic erzählt die Geschichte der Entstehung dieses Buchs, das 1973 unter dem Titel „Architektur aus Leidenschaft" erschien. Es war Karl Schwanzers Credo und sollte zu seinem Vermächtnis werden.

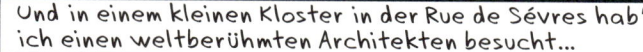

„Die beste Spezialisierung ist die Nicht-Spezialisierung, ist die Universalität."

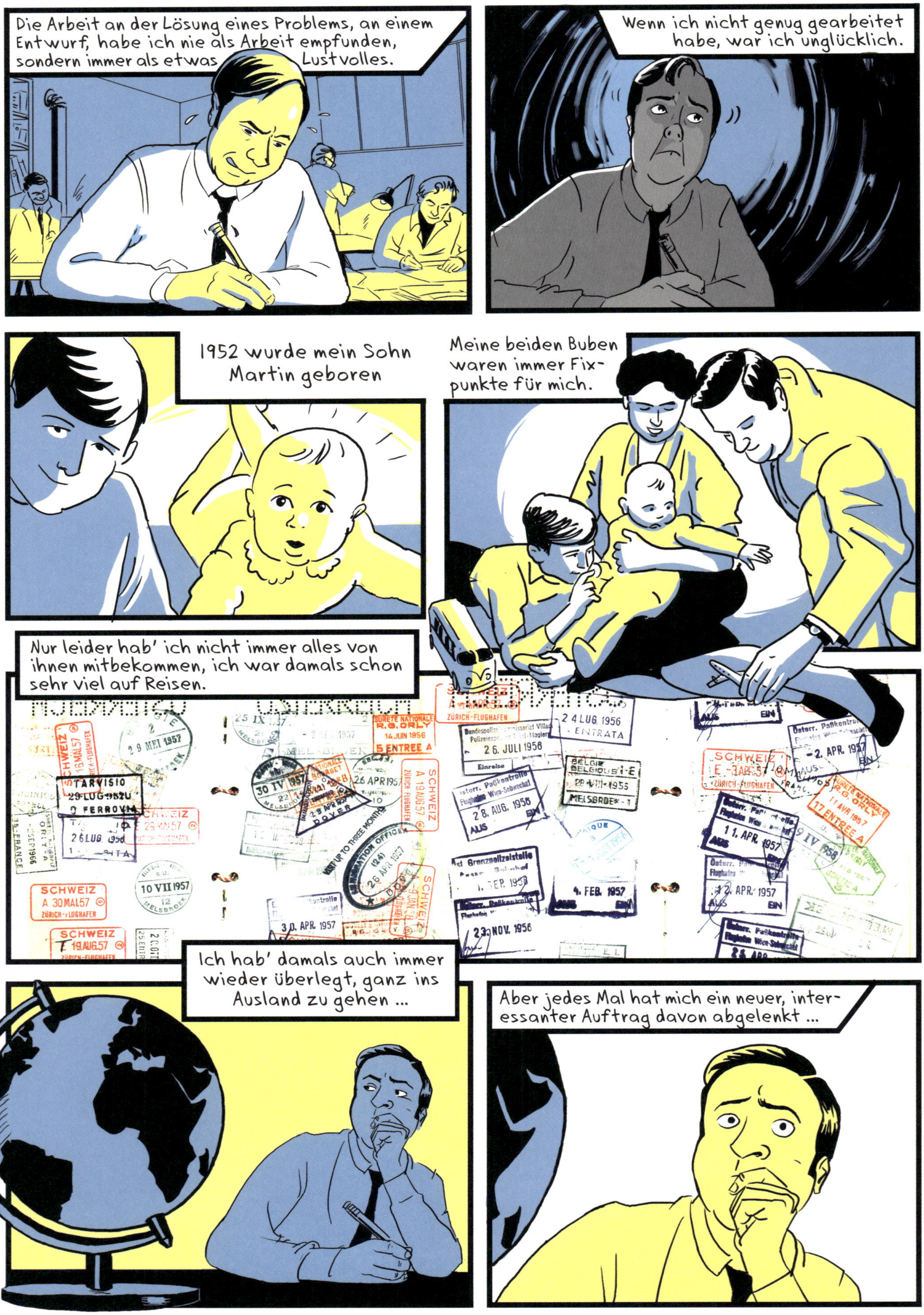

VON SÜDEN

471100

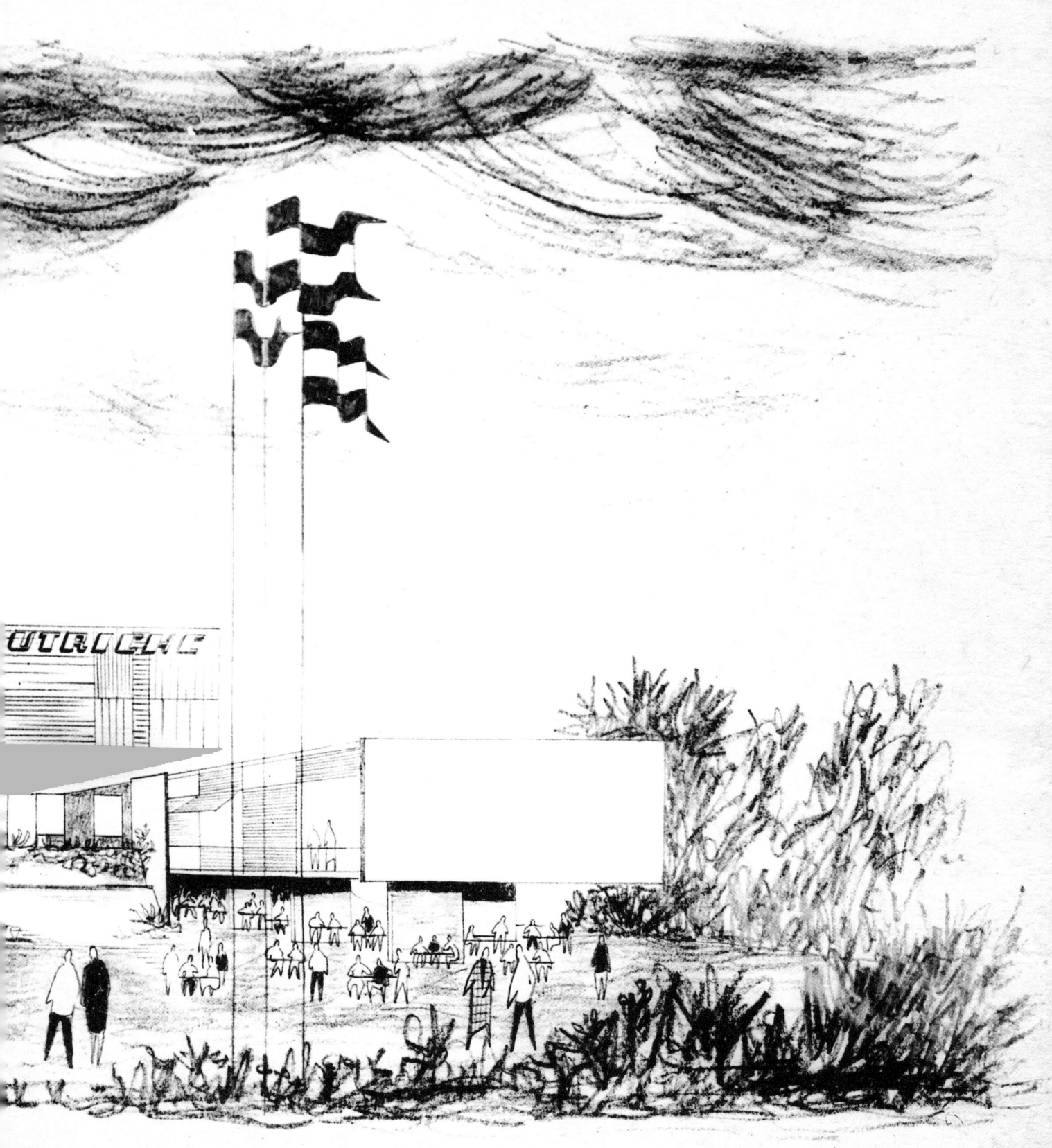

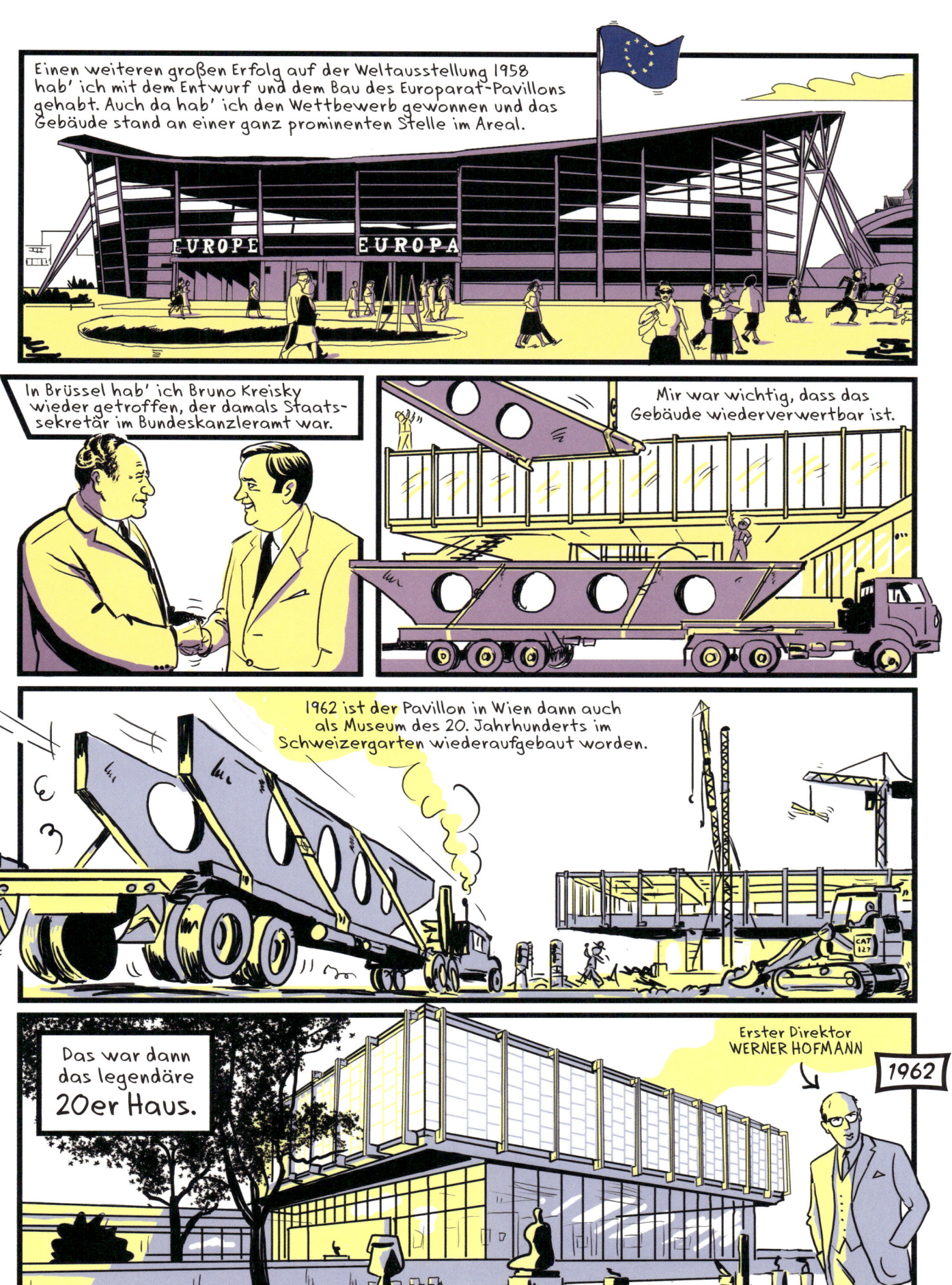

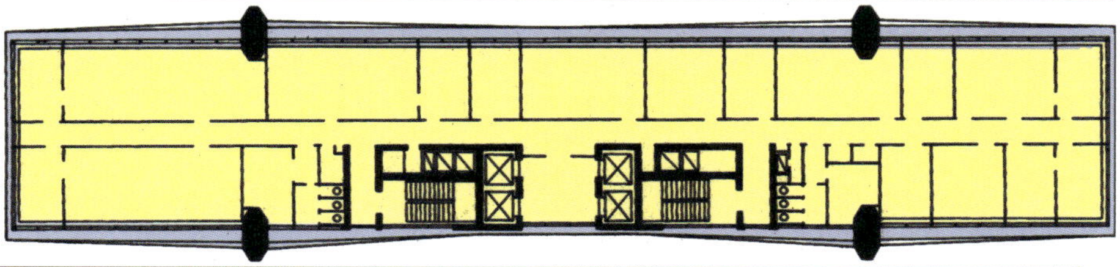

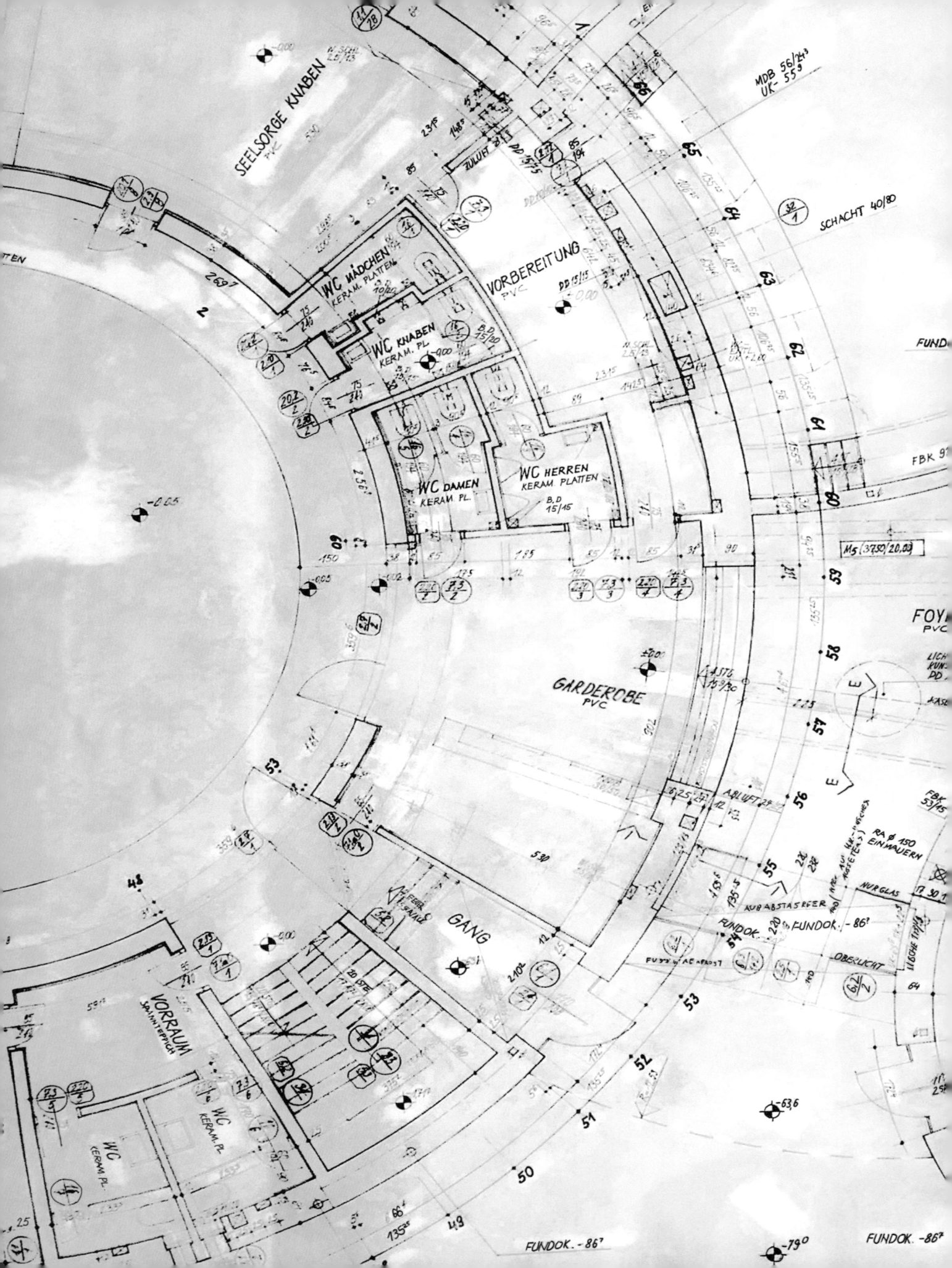

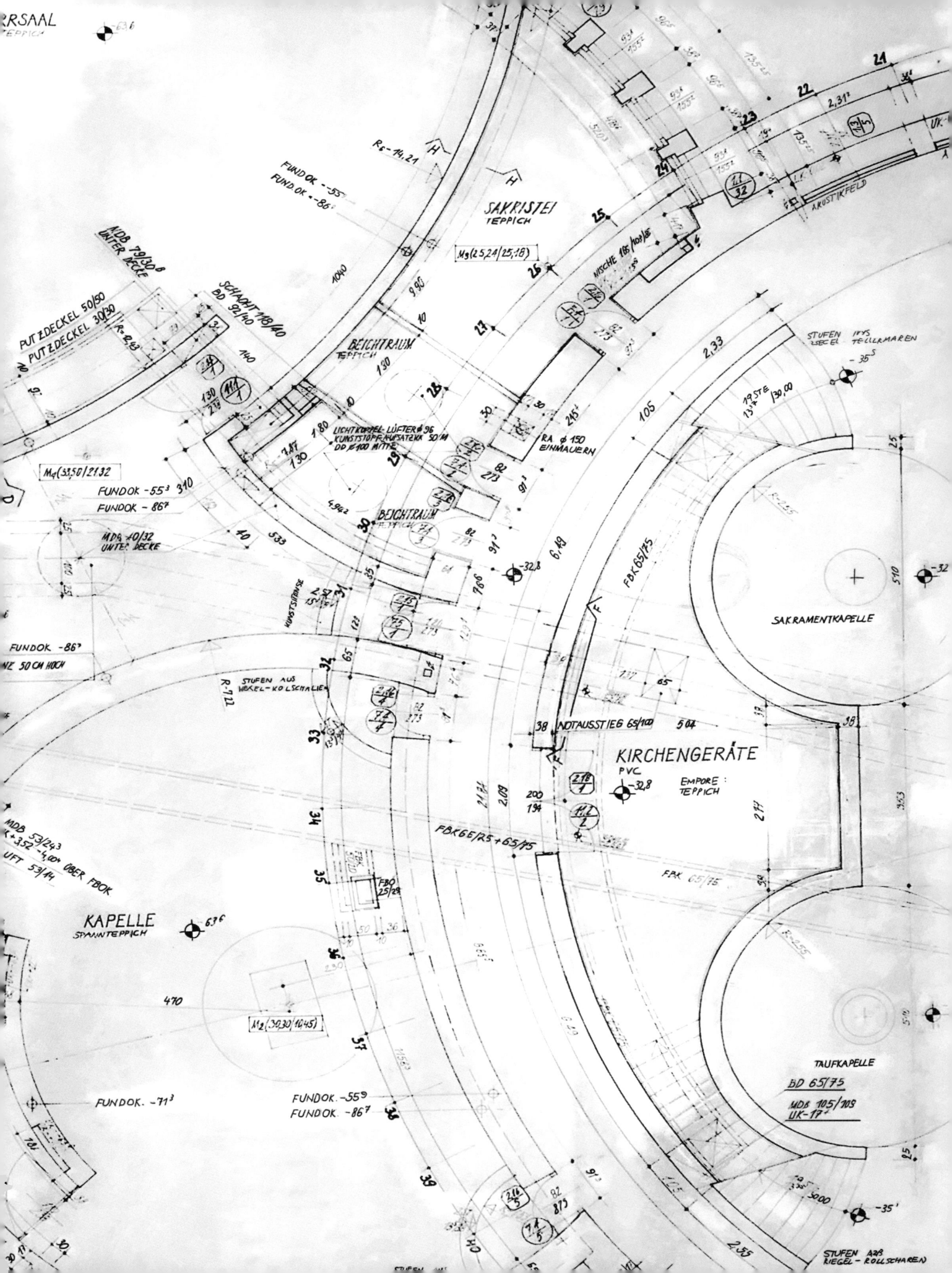

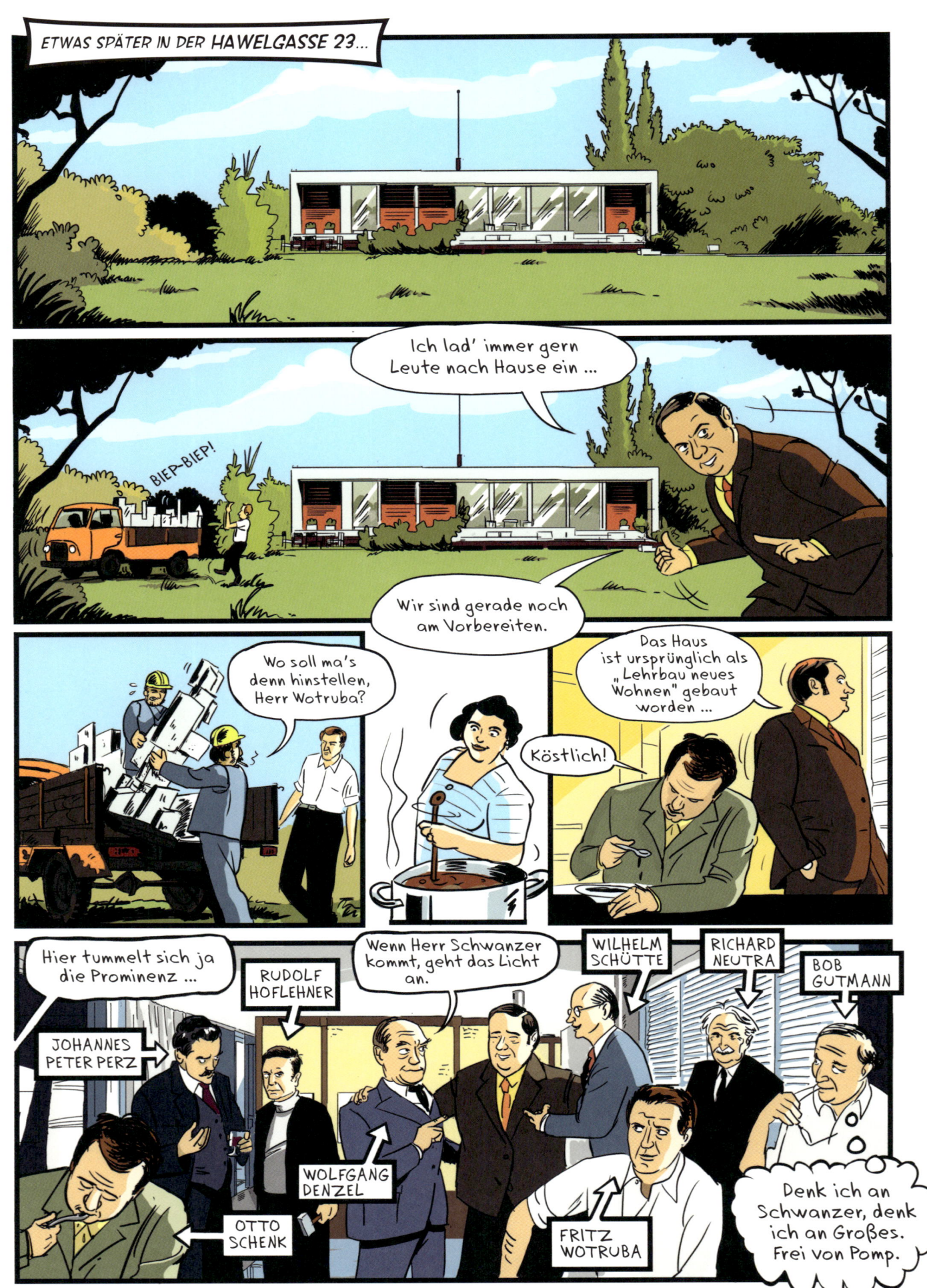

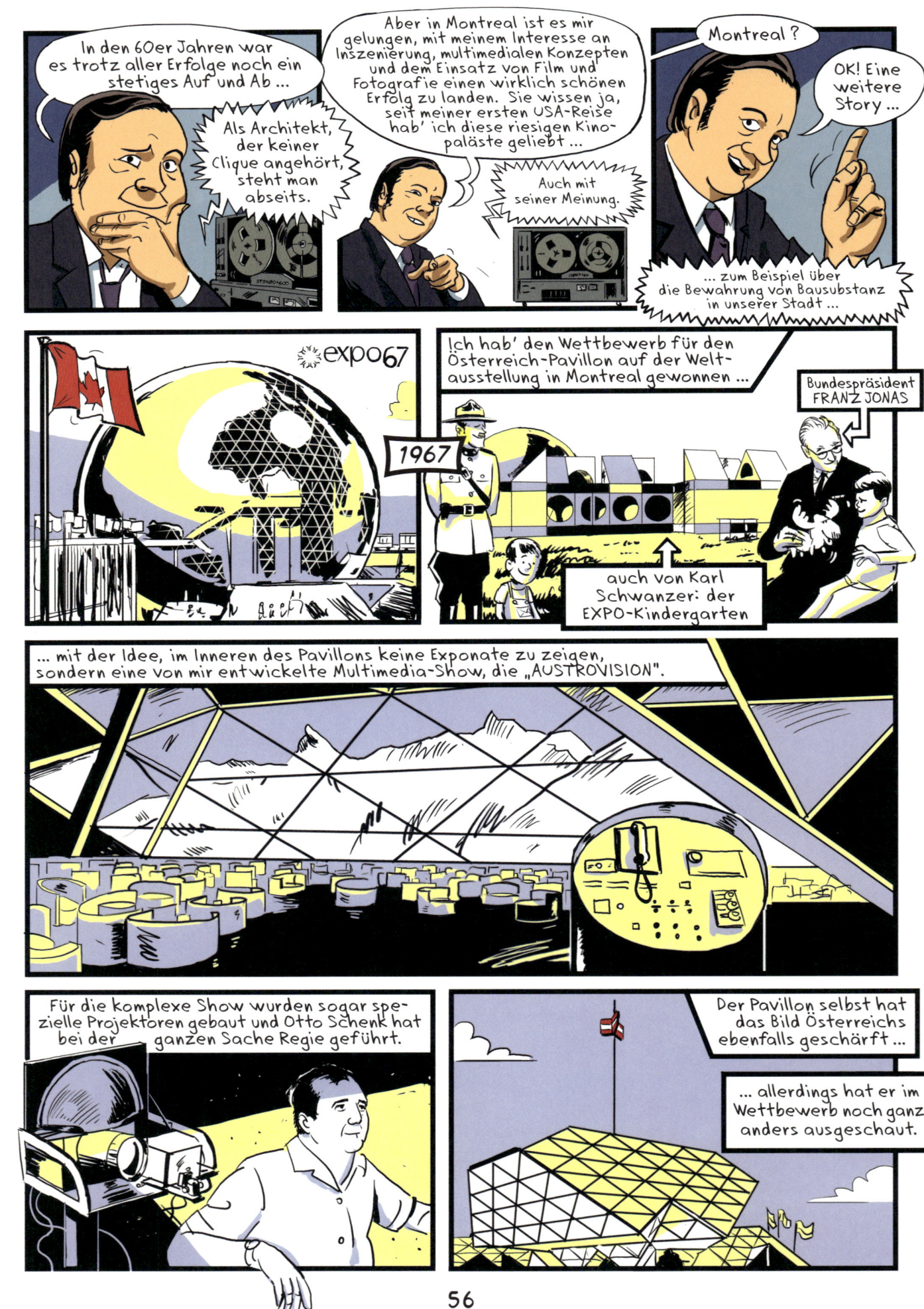

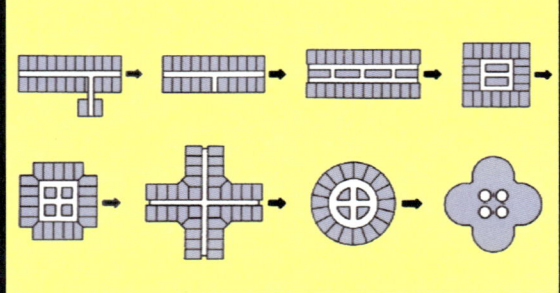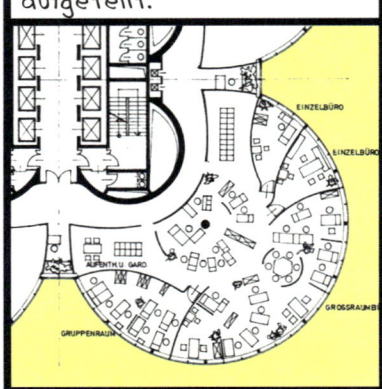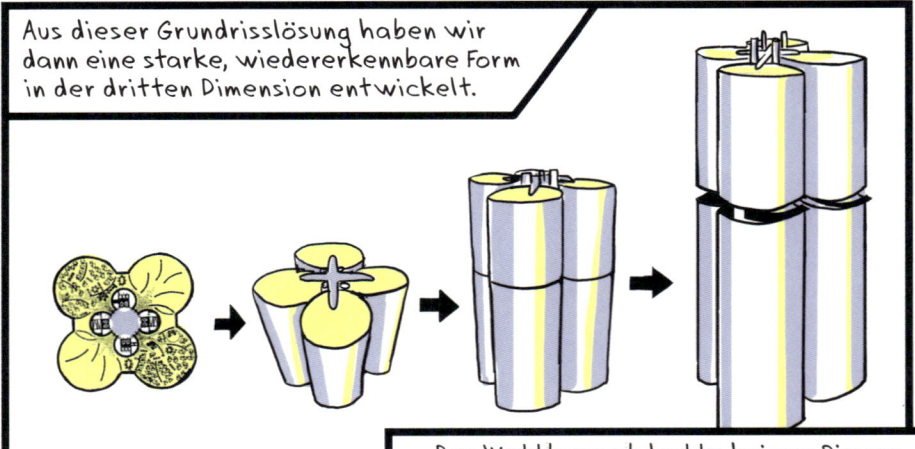

Das 100 m hohe Verwaltungsgebäude ist ein sogenanntes Hängehaus. Über vier Arme eines Trägerkreuzes wurden die einzelnen runden Geschosse nach oben gezogen.

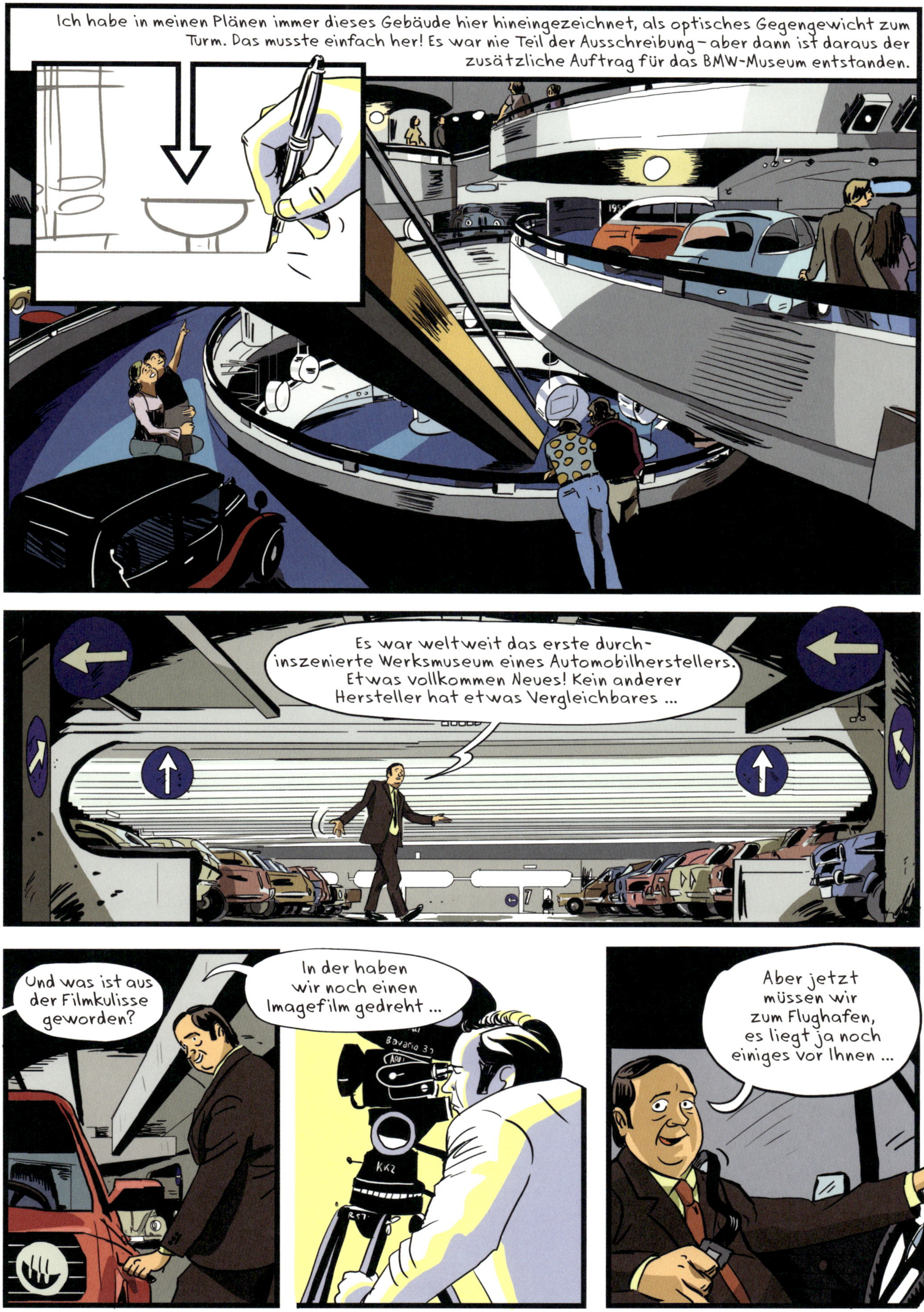

„Mit der Lösung eines Problems ist man verkettet bis zur Selbstaufgabe. Man vergisst alles um sich herum, vergisst zu essen, zu schlafen, zu lieben."

Das Königreich plant in Riad ein großes Universitätszentrum, das ein Anziehungspunkt für die ganze Golf-Region sein soll. Ove Arup ist bei den Planungen auch mit an Bord.

Bei diesem Projekt setzen wir zum ersten Mal Computer ein.

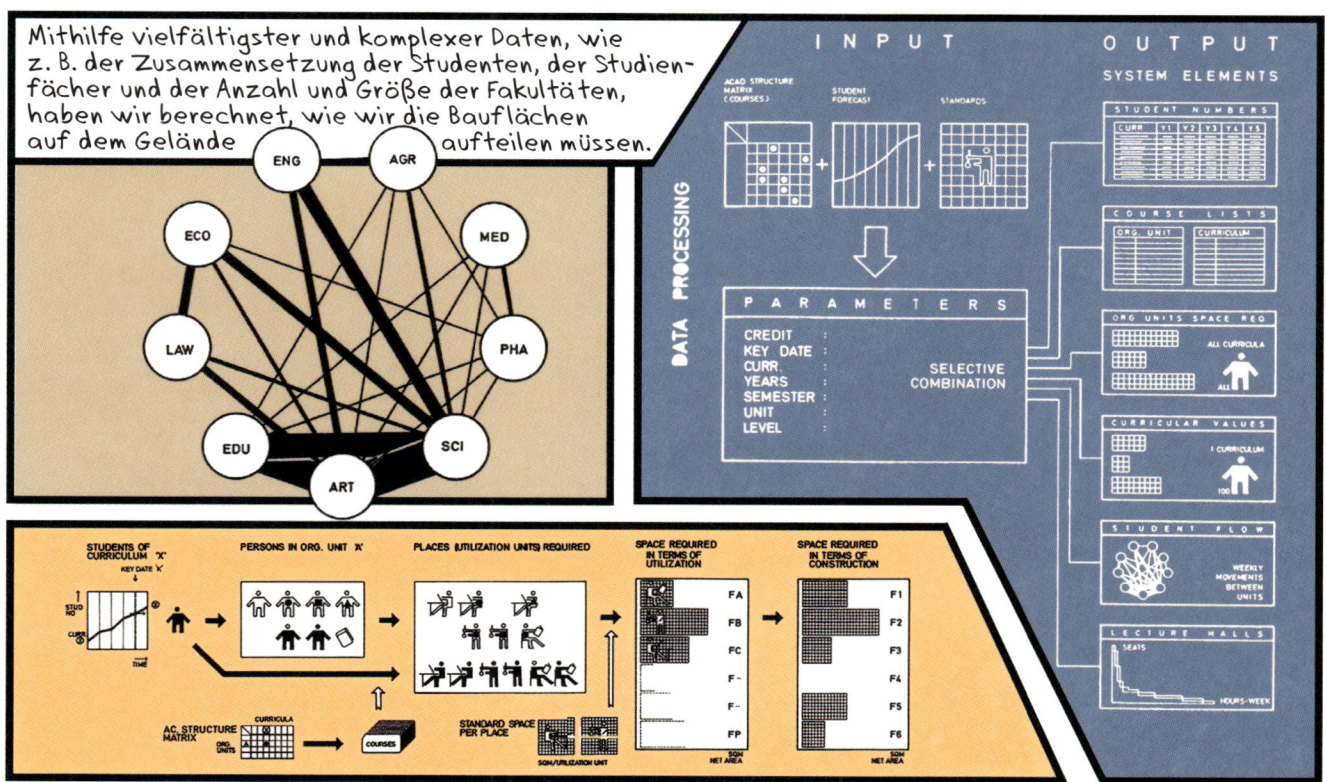

Mithilfe vielfältigster und komplexer Daten, wie z. B. der Zusammensetzung der Studenten, der Studienfächer und der Anzahl und Größe der Fakultäten, haben wir berechnet, wie wir die Bauflächen auf dem Gelände aufteilen müssen.

Wir haben alle Hauptabschnitte des Masterplans –
Programm, physischer Plan und Durchführungsstudie – fast fertiggestellt.
Mit einer Ausdehnung über eine Fläche von 9 km² ist das unser bislang größtes Projekt.
Für ein österreichisches Architekturbüro schon etwas Außergewöhnliches ...

„Das Hinabtauchen in die eigene Tiefe,
der Wahrheit auf den Grund gehen,
kann man nur selbst."

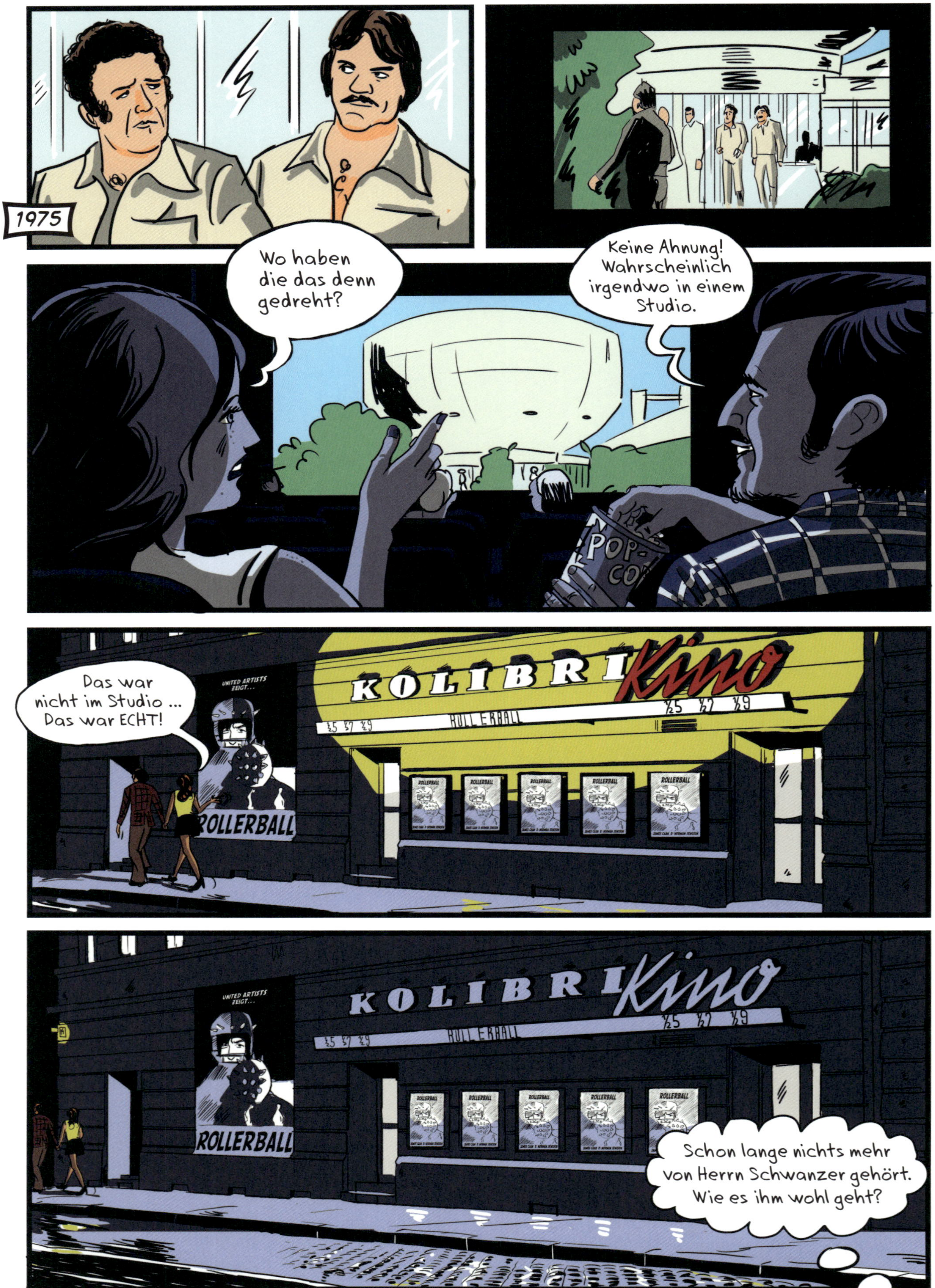

DENKMALGESCHÜTZTE GEBÄUDE
VON KARL SCHWANZER

1961
Erweiterung der
Kapuzinergruft („Neue Gruft")
Wien 1, Tegetthoffstraße 2

1962
Museum des
20. Jahrhunderts
Wien 3, Schweizergarten (heute Belvedere 21)

1964
Christkönigskirche
Pötzleinsdorf und Kindergarten
Wien 18, Schafberggasse 2

1964
Philips-Haus
Wien 10, Triester Straße 64-66

1965
Erweiterungsbau der
Universität für angewandte Kunst
Wien 1, Oskar-Kokoschka-Platz 2 (mit Eugen Wörle)

1972
Wirtschafts-
förderungsinstitut (Wifi)
Niederösterreich, St. Pölten

1972
Pfarrzentrum Leopoldau
mit Pfarrkirche Auferstehung Christi
Wien 22, Saikogasse 8

1973
BMW Verwaltungs-
gebäude und BMW Museum
München, Am Olympiapark 1

1977
Thomaskirche, Evang.
Evangelisches Gemeindezentrum A.B in der
Per-Albin-Hansson-Siedlung (Entwurf 1974-75),
Wien 10, Pichelmayerg. 2 (Ausf: G. Krampf)

21. Mai 1918	geboren in Wien
	Studium an der Technischen Hochschule Wien
1940	Diplom
1941	Dr. techn.
seit 1947	freischaffender Architekt in Wien
1947–1951	Assistent an der Akademie für angewandte Kunst Wien
1954	Josef Hoffmann – Ehrung der Wiener Secession
1958	Silbernes Ehrenzeichen für Verdienste um die Republik Österreich
	Grand Prix für Architektur auf der Weltausstellung Brüssel
	Chevalier de l'Ordre de Léopold, Belgien
1959	Preis der Stadt Wien für Architektur
	Berufung als ordentlicher Professor an die Technische Hochschule Wien, Vorstand des Institutes für Gebäudelehre und Entwerfen 5
1963	Honorary Corresponding Member of the RIBA (Royal Institute of British Architects)
1964–1965	Gastprofessor an der Technischen Hochschule Darmstadt
1965	Officier du Mérite Touristique, Frankreich
1965–1966	Dekan der Fakultät für Bauingenieurwesen und Architektur an der Technischen Hochschule Wien
1967	Gastprofessor an der Technischen Hochschule Budapest Gründung eines Ateliers in München Honorary Fellow of the AIA (American Institute of Architects)
1969	Korrespondierendes Ehrenmitglied des BDA (Bund Deutscher Architekten)
	Großes Ehrenzeichen für Verdienste um die Republik Österreich
1972	Gastvorlesungen Universität Riad, Saudi-Arabien
1973	Gastvorlesungen an den Hochschulen in Darmstadt und Budapest
	BDA Preis Bayern
1975	Architekturpreis Beton des Bundesverbandes der Deutschen Zementindustrie
20. August	gestorben in Wien
	posthum verliehen: Großer Österreichischer Staatspreis

KARL SCHWANZER
21. 5. 1918 – 20. 8. 1975

BENJAMIN SWICZINSKY (*1982)

ist Trickfilmer und Zeichner in Wien. Er ist einer von drei Partnern im Studio „Neuer Österreichischer Trickfilm". Sein Film „Heldenkanzler" wurde auf internationalen Filmfestivals prämiert.

MAX GRUBER (*1957)

ist Lyriker, Dramatiker, Filmautor und Regisseur. Er lebt in Wien. Neben seiner schreibenden und filmischen Tätigkeit agiert Gruber als Texter, Mastermind und Frontman seines Ensembles „Des Ano".

MARTIN SCHWANZER (*1952)

ist Architekt und Projektentwickler in Wien. Er ist Karl Schwanzers jüngerer Sohn und der Ideengeber für dieses Comic.

IMPRESSUM

Nach einer Idee von Martin Schwanzer und Mirko Pogoreutz

Dank an Salomea Engländer, Dr. Franz Gangelmayer, Rüdiger Lainer, Dr. Dinah Marin, Mirko Martinovic, Antonia Petric, Caroline Schwanzer

Acquisitions Editor:
David Marold, Birkhäuser Verlag, A-Wien
Project and Production Editor:
Angelika Heller, Birkhäuser Verlag, A-Wien
Korrektorat: Philipp Rissel, A-Wien
Layout und Zeichnungen: Benjamin Swiczinsky, A-Wien
Tusche/Farben: Benjamin Swiczinsky, Sascha Vernik, Conrad Tambour, Johannes Schiehsl, A-Wien
Buchsatz und Typographie: Studio Gabriel, A-Wien
Druck: Holzhausen Druck GmbH, A-Wolkersdorf

Library of Congress Control Number: 2018959385

Bibliografische Information der Deutschen Nationalbibliothek

Die Deutsche Nationalbibliothek verzeichnet diese Publikation in der Deutschen Nationalbibliografie; detaillierte bibliografische Daten sind im Internet über http://dnb.dnb.de abrufbar.

Dieses Werk ist urheberrechtlich geschützt. Die dadurch begründeten Rechte, insbesondere die der Übersetzung, des Nachdrucks, des Vortrags, der Entnahme von Abbildungen und Tabellen, der Funksendung, der Mikroverfilmung oder der Vervielfältigung auf anderen Wegen und der Speicherung in Datenverarbeitungsanlagen, bleiben, auch bei nur auszugsweiser Verwertung, vorbehalten. Eine Vervielfältigung dieses Werkes oder von Teilen dieses Werkes ist auch im Einzelfall nur in den Grenzen der gesetzlichen Bestimmungen des Urheberrechtsgesetzes in der jeweils geltenden Fassung zulässig. Sie ist grundsätzlich vergütungspflichtig. Zuwiderhandlungen unterliegen den Strafbestimmungen des Urheberrechts.

ISBN 978-3-0356-1852-5
e-ISBN (PDF) 978-3-0356-1866-2
Englisch Print-ISBN 978-3-0356-1853-2

© 2019 Birkhäuser Verlag GmbH, Basel
Postfach 44, 4009 Basel, Schweiz
Ein Unternehmen der Walter de Gruyter GmbH, Berlin/Boston

9 8 7 6 5 4 3 2 1

www.birkhauser.com

 Weitere Bücher zu Karl Schwanzer im Birkhäuser Verlag

KARL SCHWANZER
SPUREN. EINE BESTANDSAUFNAHME

Stefan Oláh, Ulrike Matzer (Hrsg.)

Seine markantesten Bauten und Möbelentwürfe in hochwertigen Farbaufnahmen

49,95 EUR [D] / ISBN: 978-3-0356-1839-6
Erscheint im Januar 2019

KARL SCHWANZER ANTHOLOGIE

Nachlassarchiv Karl Schwanzer (Hrsg.)

Fotos und Dokumente aus 28 Jahren Architektur- und Zeitgeschichte

59,95 EUR [D] / ISBN: 978-3-0356-1899-0
Erscheint im Mai 2019

WIEN MUSEUM

Das Karl Schwanzer-Archiv im Wien Museum:
www.wienmuseum.at/de/sammlungen/kunst/architektur/karl-schwanzer-archiv

Karl Schwanzer auf Instagram:
instagram.com/karl_schwanzer

„Siginficant Others", Mitwirkende in Karl Schwanzers Lebensfilm, die für Begegnungen, Zusammenarbeit, Freundschaft, gemeinsame Wegstrecken und Verbundenheit mit dem Architekten aus Leidenschaft stehen: Kurt Ackermann, Nikolaus Amiras, Max Bill, Peter Blake, Charlotte Blauensteiner, Arnold Bode, Peter M. Bode, Alberto Camenzind, George Candilis, Carlo de Carli, Lucca Chmel, Josine de Cressonieres, Justus Dahinden, Donald J. Devine, Heinrich Drimmel, Maria Fellner-Dobler, Ulrich Finsterwalder, Martha Foitl, Karl Fuhry, Bertrand Goldberg, Ernö Goldfinger, Annette Grailer, Victor Gruen, Kurt Hamtil, Josef Holaubek, Jürgen Joedicke, Anton Jüttner, Gerhard Karplus, Abdul-Aziz Al-Khuwaiter, Robert Krapfenbauer, Alfred Kunz, Hannes Lintl, Josep Rodríguez Lloveras, Sigrid Neubert, Ernst Neufert, Hermann Ölkrug, Anni Patay-Artaker, Barbara Pflaum, Eleuterio Población Knappe, Gio Ponti, Gerhard Richter, Paul Rudolph, Manfred Sack, Alfred Schmeller, Georg Schmid, Johann Schwanzer, Heikki Sirén, Franz-Heinrich Sobotka, Sir Basil Spence, Hans Jürgen Steffen, Kenzo Tange, Carl Waidelich, Agnes Willert, Karoline Wolf, Maria Wölfl